BIBLIOTHÈQUE
DE LA MAITRESSE DE MAISON

LE LIVRE DU BLANCHISSAGE

PARIS
CH. PLOCHE, LIBRAIRE-ÉDITEUR
5, place de la Bourse, 5.

LE LIVRE

DU

BLANCHISSAGE

Paris. — Imprimerie Bonaventure et Ducessois,
55, quai des Augustins.

LE LIVRE

DU

BLANCHISSAGE

PAR

Mme ROUGET DE L'ISLE.

PARIS

CH. PLOCHE, LIBRAIRE-ÉDITEUR,

5, place de la Bourse.

1852

LE LIVRE

DU

BLANCHISSAGE

I

Blanchiment et blanchissage du linge.

Il y a une différence essentielle entre le *blanchiment* et le *blanchissage* du linge. Ainsi, par le mot de *blanchiment* on entend l'art de blanchir, de rendre blanche une toile qui était écrue ou colorée naturellement, et par celui de *blanchissage*, on désigne l'art de décrasser, de rendre propre ou de nettoyer le linge qui a été sali par l'usage ou par toute autre cause accidentelle.

C'est des meilleurs procédés du *blanchissage du linge* ou *lessivage domestique* seul que nous voulons parler.

La lessive alcaline et chaude est assurément le premier et le meilleur moyen qu'on puisse employer pour le *blanchissage du linge.* Toutefois, on ne sait pas généralement dans les ménages les méthodes les plus sûres et les plus économiques pour la chauffer et la couler sur le linge.

Voici le procédé le plus en usage aujourd'hui : Avant de mettre le linge dans un cuvier, on lui fait subir trois opérations : 1° le *triage*, qui a pour but de distribuer le linge en plusieurs tas, suivant son degré de finesse ; 2° le *trempage*, ou première imbibition d'eau froide que l'on fait dans des baquets en bois; 3° l'*essangeage* ou lavage dans de l'eau froide, pour enlever le plus gros de la malpropreté. On place sur un trépied un grand cuvier percé au bas latéralement d'un trou de 2 à 3 centimètres. On adapte à ce trou une chantepleure en bois, ou bien un bouchon de paille. On met le linge sale dans ce cuvier, dont le fond est garni d'une couche épaisse de paille ou mieux d'un plancher à claire-voie, en commençant par le plus fin, et on le recouvre d'une grosse toile pliée en double, qu'on nomme *carrier* ou *charrier*. Cette toile déborde le cuvier de 30 à 40 centimètres. L'on place sur cette toile qui forme une poche, des cendres de bois neuf et non flotté; l'on verse ensuite par-dessus de l'eau que l'on chauffe dans une chaudière en cuivre. (Les blanchisseurs y mettent un peu de potasse de soude, ce qui rend la lessive plus alcaline et plus énergique). Le plus ordinairement, on rabat les bords du charrier sur les cendres, et quelquefois on couvre le cuvier d'un couvercle de natte. L'eau chaude qu'on y verse doit être distribuée bien également sur toute la surface; elle dissout les sels alcalins contenus dans les cendres, filtre à travers les toiles, imprègne le linge sale qui est au-dessous ; de là elle sort par le bouchon de paille qu'on a adapté au trou latéral du cuvier, et tombe dans un autre vase plus petit, placé au-dessous. A mesure que la lessive s'écoule, on en verse sur les cendres de la nouvelle, qui est chauffée dans une chaudière en cuivre, on la remplace dans celle-ci par celle qui s'est écoulée par le trou du cuvier; c'est ce qu'on nomme *couler la lessive*. On répète cette opération pendant dix ou douze heures et même plus; et, quand on juge que la lessive a suffisamment agi sur le linge pour le blanchir, on enlève le charrier avec les cendres; on retire le linge du cuvier, on le lave, on le savonne en le battant et on le rince à l'eau claire seule jusqu'à ce que celle-ci en sorte très-propre. On l'étend ensuite sur des cordes, en plein air, pour le faire sécher. Lorsqu'il est sec, on le détire, on le repasse avec un fer chaud, on le plie, puis on le serre et on le conserve pour l'usage.

La raison de cette opération est facile à comprendre :

La saleté ou *crasse* du linge se compose non-seulement de matières solubles dans l'eau et qui s'en vont par l'essangeage, mais encore de matières insolubles dans l'eau, d'une nature graisseuse, qui forment, avec l'alcali, la soude ou la potasse contenue dans la lessive, une espèce de savon, et qui s'en détachent ensuite par le lavage à l'eau. Nous ferons remarquer, toutefois, que la saleté n'est pas la même dans tous les objets de lingerie que nous consommons Ainsi, la crasse des bas, des chemises, des draps de lit qui reçoivent les effets de la transpiration; cette saleté ou *crasse*, disons-nous, diffère essentiellement de celle des mouchoirs de poche, des rideaux de croisée, des serviettes et nappes de table.

Disons, cependant, que le coulage de la lessive à chaud, comme nous venons de le décrire, est le moyen le plus vicieux et celui qu'il importe le plus de réformer.

Au résumé, ce système grossier de blanchissage présente les inconvénients suivants :

La vapeur qui se dégage de la lessive pendant le transvasement remplit la pièce destinée à ce service, obscurcit l'air, se condense sur les plafonds et sur les murs qu'elle détériore, et occasionne une perte de chaleur, et, par suite, de combustibles.

Le transport et le transvasement rendent le service pénible, occupent des bras et produisent un écoulement d'eau qui salit et mouille le sol.

Ensuite, malgré les soins et les précautions que prennent les personnes chargées du transvasement, la lessive est jetée dans le cuvier à des températures inégales.

Enfin, un coulage de lessive fait par ce procédé n'exige pas moins de huit à dix heures de travail et de soins continus.

« Un autre inconvénient, dit M. le Dr Herpin [1] dans son mémoire sur le lessivage par l'emploi de la vapeur, c'est que la lessive qui sort du cuvier devient de plus en plus sale, ce qui doit être et est dû à l'action que l'alcali exerce sur les parties grasses et colorantes dont le linge est imprégné, de sorte

[1] Voir son excellent mémoire sur les divers procédés de blanchissage, inséré dans le *Bulletin de la Société d'encouragement*, février 1839 et suiv.

qu'à la fin de l'opération le linge est beaucoup plus coloré qu'il ne l'était auparavant; aussi, pour faire disparaître le vice de cette manipulation mal entendue et préjudiciable au linge, a-t-on recours au savon, au battoir et à la brosse, moyens qui ont l'inconvénient d'augmenter la dépense, d'occasionner une main-d'œuvre inutile et de diminuer la durée du linge.

« Un des autres inconvénients de cette manipulation, c'est que la lessive, que l'on prend bouillante et que l'on verse ensuite sur le cuvier, n'en sort pas à 100 degrés; et, comme jamais elle ne peut arriver à ce terme, il en résulte que des taches qui seraient enlevées à une chaleur de 100 degrés centésimaux, ne peuvent l'être lorsque celle qu'on leur fait subir atteint à peine 87 degrés; encore pour cela faut-il faire chauffer et couler la lessive pendant vingt-quatre heures; mais alors combien de bois n'a-t-on pas brûlé, surtout si la chaudière est placée sur un fourneau mal construit, ou même à l'air libre sur un trépied, comme cela se pratique dans la province! »

Et, résumant les meilleurs procédés de lessivage par l'emploi de la vapeur, M. le docteur Herpin ajoute que « s'il est nécessaire d'élever la température du linge à 100 degrés pour détruire les insectes et leurs œufs, ainsi que les miasmes délétères que le linge pourrait contenir, cette température élevée n'est pas moins nécessaire pour dégraisser complétement le linge. »

Certes, le blanchissage du linge à la vapeur, c'est-à-dire par le coulage et la circulation continue de la lessive chaude, au moyen de la vapeur qui agit sur elle comme force mécanique pour la projeter directement sur le linge, sans l'emploi d'aucune main intermédiaire, cette méthode de blanchissage à la vapeur, disons-nous, perfectionnée par M. René Duvoir, est encore la meilleure et la plus économique qu'on puisse employer. Mais nous doutons qu'elle se répande promptement dans tous les ménages, tant il est difficile de changer les habitudes prises, et même les plus mauvaises.

Or, pour remédier autant que possible aux inconvénients que nous avons signalés plus haut, nous empruntons au *Journal économique de* 1759, page 540, de bonnes observations et d'excellentes pratiques qui, même aujourd'hui, peuvent encore paraître nouvelles et utiles, quand on lessive le linge suivant l'ancien procédé. Il est question surtout du linge de toile fin, qu'il faut lessiver *à part* dans un cuvier peu profond.

Après avoir coulé la lessive à un degré de chaleur modérée, dit l'auteur (en cela pourtant nous ne partageons pas son opinion), pendant huit ou neuf heures de suite, on bouche le cuvier par le bas, on le couvre en dessus et on laisse le linge tremper, chaudement et en repos, aussi longtemps encore qu'a duré le coulage; puis, on ne le tire du cuvier qu'à mesure qu'on le lave, en été, à la rivière où les eaux claires seront suffisamment chaudes et les meilleures. Les eaux de source trop froides sont à éviter pour cette opération.

L'on s'abstiendra de frapper le linge (1); du moins on ne le frappera pas fort; on se contentera

1 A Paris on le brosse, ce qui est encore plus mauvais.

de le frotter légèrement entre les mains ou sur une planche unie, de le remuer de temps en temps et de le tordre faiblement à chaque fois, jusqu'à ce que l'eau en sorte très-claire.

Alors, il faut l'étendre sur le pré en été, l'y arroser avec un arrosoir de jardinier, et plusieurs fois; lorsqu'il commence à sécher, le tourner et le retourner de temps en temps, pendant deux ou trois jours; le soleil et l'eau lui donneront un blanc parfait; on le passe au bleu, enfin on le plie à demi sec et on le repasse.

On observe que les lessives trop fortes corrodent la toile et ternissent le linge, et que, trop faibles, elles ne dissolvent et n'absorbent pas toutes les graisses et la crasse dont le linge est sali. On insiste également sur la quantité, sur la chaleur constante de la lessive, sur la durée prescrite du coulage et sur l'épaisseur du linge à mettre dans le cuvier, épaisseur qui doit être seulement de 50 à 60 centimètres.

L'usage de mettre les cendres dans le cuvier, quelque bien enveloppées qu'elles soient dans un drap, est blâmé avec raison; il ne convient que pour le gros linge, et jamais celui qui est immédiatement au-dessous des cendres n'acquiert un blanc parfait.

L'impression qu'il reçoit, indépendamment de celle de l'infiltration des cendres, est de la nature de celle d'une lessive trop forte sur le linge, et l'on condamne sans distinction et avec autant de raison le mélange du gros linge, des linges gras et malpropres avec celui à l'usage du corps. Avec un pareil mélange et le linge fin étant mis au bas du cuvier, la crasse du gros linge se dépose et s'arrête souvent dessus, parce que le linge fin est trop serré pour la laisser passer. Dans ce cas, le blanchissage du gros linge ne s'opère qu'aux dépens du linge fin.

Le mieux serait de passer les cendres au tamis et de les faire recuire au four, lorsqu'on en tire le pain, en y brûlant quelques fagots; et le mieux serait de les jeter encore chaudes dans une chaudière d'eau également chaude, mais non bouillante. La proportion des bonnes cendres de bois neuf à l'eau est de un à quatre, c'est-à-dire un seau de cendres sur quatre seaux d'eau. On fait bouillir le tout durant trois ou quatre heures; on laisse déposer la cendre au fond du vase; on décante, on soutire la lessive qui surnage et on la coule à clair et tiède sur le linge placé dans le cuvier.

L'eau de savon chaude, ou mieux le carbonate de soude ou de potasse, ajouté en petite quantité à la lessive chaude, augmente son action dissolvante; elle la rend plus coulante, et par conséquent plus facile et plus prompte à s'infiltrer au travers du linge et à se distribuer partout également. La soude ou la potasse concourt à dissoudre les graisses dont le linge est imprégné, à s'amalgamer avec elles, et à faire un savon plus soluble et plus facile à extraire par le lavage à l'eau claire.

Le savon seul, mis à froid sur le linge sale, n'a point cet effet, quelque frottement, toujours nuisible d'ailleurs, qu'on puisse employer. L'eau de javelle blanchit et brûle le linge.

Le linge très-fin, tel que la mousseline fine, les

dentelles, demande de grands ménagements et des manutentions particulières que nous allons indiquer.

BLANCHISSAGE DES DENTELLES, BLONDES, GAZES, FILETS, ETC.

L'on commence par faire tremper *les dentelles* consécutivement dans trois eaux de savon, que l'on emploie froides ou tièdes indifféremment. Cependant l'effet est plus prompt quand l'eau est chaude. Il ne faut ni frotter ni tordre les dentelles, mais seulement les presser dans les mains, en tapant légèrement et à plusieurs reprises pour en exprimer l'eau savonneuse qui entraîne avec elle les saletés. L'on répète cette opération plusieurs fois, jusqu'à ce qu'on ait obtenu le degré de blancheur convenable, ou qu'on peut leur procurer; avant le repassage, on les passe dans une eau très-légère d'empois blanc et on les fait sécher à demi entre deux linges.

Blanchissage à neuf.—Pour le *blanchissage à neuf* on ne repasse point les dentelles; on les attache[1] à l'envers quand elles sont sèches, sur un tapis de drap ou de serge, bien tendu sur un cadre en bois, en ouvrant tous les picots avec de petites épingles; après quoi, on donne l'apprêt à la dentelle en se servant de deux éponges bien fines. On trempe l'une de ces éponges dans de l'eau où l'on a fait fondre un peu d'empois blanc mêlé avec de la gomme arabique[2], et on la passe délicatement

[1] La manière de piquer les épingles est absolument la même que celle que nons avons indiquée en parlant de la couture des dentelles.

[2] On peut ajouter un peu de sucre candi pour rendre l'apprêt moins cassant.

sur la surface de la dentelle, afin de l'humecter seulement; avec l'autre éponge sèche on essuie aussitôt la dentelle, afin que l'humidité ne pénètre pas le tapis, et que les fils seuls de la dentelle soient légèrement mouillés. On laisse sécher et on gomme une seconde fois si cela est nécessaire.

Blanchissage à demi neuf.—On étend de même la dentelle sur le tapis, mais on n'en ouvre pas les picots, ce qui abrége beaucoup le temps et le travail.

Souvent, avant d'étendre la dentelle brodée, on la fait passer, après le savonnage, dans une eau légèrement azurée, afin de détruire l'œil roux ou jaune qu'elle présente à la vue, et lui donner ainsi cette blancheur qui lui est particulière quand elle est neuve. A l'exception de l'azurage pour les dentelles jaunies par le temps et l'usage, presque toutes les dentelles se blanchissent de même.

Blanchissage de la dentelle appelée point d'Angleterre, de Bruxelles ou d'Alençon.—On blanchit le point comme la dentelle : on l'étend le mieux qu'il est possible sur le tapis, à l'envers, et, quand il est sec, on relève le dessin, c'est-à-dire on le met plus en relief au moyen d'un petit outil d'ivoire assez semblable à un ébauchoir de sculpteur. Pour cela, on repousse légèrement le dessin en frottant la dentelle à l'envers.

Blanchissage du filet-dentelle.—Avant de le blanchir, on a la précaution de passer un fil retors dans toutes les mailles de chaque côté; ainsi enfilé, il s'attache et s'étend plus facilement sur le tapis.

Si le filet est en soie, il faut, après l'avoir trempé dans une eau de gomme arabique ou d'empois blanc[1] mêlée avec un peu d'alun et d'esprit-de-vin, l'envelopper d'un linge mouillé et l'exposer ainsi à l'action de fumigation de soufre, dans une boîte en bois appelée soufroir, dont les jointures sont bien closes (par exemple, avec du mastic de vitrier, de la terre glaise ou des feuilles de papier collées en plusieurs doubles),afin que la fumée du soufre ne s'échappe pas et n'incommode personne. On place au bas du *soufroir* un vase en terre cuite dans lequel on met de la cendre chaude sur laquelle on jette du soufre en poudre; et, par précaution, on met, un peu au-dessus du vase, une plaque de terre, de faïence ou de verre à vitre, qui empêche la flamme du soufre d'atteindre directement le filet.

SOUFROIR.

Le *soufroir* est fait d'une forme carrée ou cylindrique. Dans ce dernier cas, il peut être fait en bois de sapin, de la même épaisseur et du même diamètre qu'une barrique ou un tonneau de vin (une barrique neuve peut servir à cet usage en collant en dedans plusieurs feuilles de papier). A la distance de 30 ou 40 centimètres au-dessous du bord, en dedans, on pose circulairement, de distance en distance, plusieurs chevilles en bois, en os ou en verre (jamais de clous en métal); à ces chevilles on attache un filet sur lequel on étend une étoffe de laine blanche peu serrée, sur laquelle on

[1] On ajoute à cet empois un peu de cire et de savon, qui lui donne du liant.

couche à plat la dentelle de soie, etc. On peut garnir ainsi le soufroir jusqu'en haut. On le ferme ensuite hermétiquement par un couvercle. Il est bien entendu que le soufre en combustion est placé, d'abord, au fond du tonneau. On peut encore se servir d'un tonneau ou baril ouvert par les deux bouts, auquel on adapte un couvercle en dessus. Quand les dentelles de soie sont disposées sur le filet, comme nous venons de le dire, on recouvre ou coiffe le vase qui contient le soufre en combustion, avec le tonneau, et on entoure la partie inférieure avec de la terre glaise, etc.

L'*effilé* se blanchit comme le filet et se met au soufroir s'il est en soie ; on le peigne ensuite pour rendre les barbes ou franges bien égales.

Les *blondes* et les *gazes de soie* se blanchissent de même que les dentelles de toile. Quand elles sont très-jaunes, on les fait tremper pendant quelque temps dans une eau de savon très-légère, chauffée au bain-marie, sans les tordre et sans les presser; et, pour éviter tout déchirement ou éraillement, on les place dans un sac ou filet à mailles fines. On les rince ensuite soigneusement dans de l'eau claire pour enlever le savon, qui détériorerait la soie. On les soumet au soufroir en les plaçant entre deux linges mouillés, puis on les attache sur le tapis, comme les dentelles, et on leur donne l'apprêt à l'eau de gomme, en y ajoutant un peu de bleu liquide pour azurer. On prétend à tort que les blondes sont plus brillantes quand on les apprête à la gomme, avant de les soufrer; le *soufrage*, dans ce cas, agit seulement sur la gomme et non sur le fil de soie, qu'il n'atteint pas. Il faut observer que les blondes et les filets doivent être séchés avant d'être mis sur le tapis et soumis à l'apprêt, sans cela ils se rompraient.

Le blanchissage des bas de soie, etc., consiste absolument dans les mêmes procédés que ceux indiqués pour les blondes. On les étend, après le soufrage et le lavage, sur une forme pendant qu'ils sont encore humides, et on les moire avec une espèce de molette en fer appelée *glaçoir*, et, à son défaut, avec la partie convexe du cul d'une bouteille de verre.

Il faut observer que la fumée du soufre, en blanchissant les bas, les dessèche; mais on les assouplit en les lavant avec promptitude dans un bain chaud contenant 30 grammes de crème de tartre pour 8 litres d'eau.

Au résumé, comme la soie est le produit d'un corps animal, la grande chaleur la fait crisper et la rend plus cassante, et le frottement qu'on lui a fait subir pour la lustrer et la moirer achève de la briser. Il faut donc se contenter, lorsque les bas ont déjà servi, de les mettre sur la forme pour les bien faire sécher, de mettre peu de soufre sur un réchaud qui contient peu de cendres chaudes ou peu de charbons ardents, sauf à répéter l'opération une seconde fois, après le lavage. Enfin, il faut tenir les bas suspendus dans le soufroir à une hauteur suffisante pour qu'ils ne puissent être exposés à la chaleur trop vive du réchaud ou à une vapeur trop brûlante.

Procédé pour laver la flanelle sans qu'elle jaunisse. — Pour 2 litres d'eau de savon légère, on prend deux cuillerées de farine qu'on y délaie; on met le tout dans un poêlon qu'on place sur le feu, en agitant constamment la composition, afin qu'elle ne forme pas de grumeaux et qu'elle ne s'attache pas au fond du vase. Une partie de cette colle bouillante est répandue sur la flanelle; et, quand sa température permet de la toucher avec les mains, on en frotte l'étoffe comme on le pratique pour le savon; on rince ensuite la flanelle à l'eau claire; l'on y applique ensuite une nouvelle portion de colle bouillante. On renouvelle l'opération précédente, et on lave soigneusement à plusieurs eaux; par ce moyen, la flanelle conserve sa blancheur, reste inodore et se trouve parfaitement nettoyée.

Si, au lieu de farine, on emploie les pommes-de-terre, on les fait cuire, on enlève la peau et l'on en fait, avec l'eau de savon, une pâte épaisse; on essange la flanelle dans l'eau chaude, et on la savonne ensuite avec cette pâte; on l'immerge ensuite dans l'eau bouillante; on la frotte soigneusement; on la lave à plusieurs eaux et on la fait sécher.

La gomme arabique, ou mieux la décoction de la racine de saponaire produit encore un meilleur effet; mais, à notre avis, quel que soit le mode de lessivage de la flanelle, il est nécessaire de la passer au *soufroir* pour lui rendre toute sa blancheur et ses propriétés hygiéniques. Puis on la lave à l'eau de savon, et on la rince ensuite dans plusieurs eaux claires.

Blanchissage au moyen de son. — Pour cela, on fait bouillir une partie de son dans six parties d'eau, et on en forme une pâte avec laquelle on savonne le linge, qu'on a fait tremper auparavant dans de l'eau chaude pour ramollir les corps gras et leur donner plus d'affinité et d'aptitude à être enlevés, absorbés par la pâte de son.

Le lessivage au son est employé principalement pour monter et rehausser le blanc et les couleurs des mouchoirs de batiste ou de soie, qui portent des vignettes d'entourage imprimées en couleurs. Dans ce cas, on fait bouillir le son dans une quantité d'eau suffisante pour que le bain soit très-liquide ; puis on y plonge et travaille les mouchoirs pendant quelque temps ; ensuite on les lave dans de l'eau claire.

Quant au mode de blanchir les vêtements, les tissus et autres objets de toilette, qui sont teints, imprimés et confectionnés, il appartient plutôt à l'art du dégraisseur, qui est traité ailleurs.

REPASSAGE ET CALANDRAGE DU LINGE.

En France, on repasse généralement le linge avec des fers chauds de diverses formes : aussi arrive-t-il fréquemment que, par la négligence des repasseuses, le linge est roussi et même brûlé. Mais on peut se servir avec plus de sûreté et d'économie, pour le repassage du linge uni, tel que les draps de lit, les serviettes, les mouchoirs, les rideaux, etc., d'un appareil fort simple, que les Anglais nomment *mangle* ou *calander*, et qui opère très-promptement et à froid. Voici la manière d'opérer : Après avoir humecté légèrement le linge, on le divise par moitié et on enroule chaque moitié, le plus exactement possible, autour de deux cylindres en bois de hêtre, on les recouvre avec une toile roulée en plusieurs doubles et cousue. L'on place ces deux rouleaux, ainsi chargés, sur un plancher horizontal, fixe, fait en madrier très-solide, et dont la surface est unie au rabot. Puis on roule par-dessus les rouleaux une caisse qu'on a remplie de pierres ou d'autres poids d'environ 1,000 kil., de manière qu'elle exerce une pression sur chacun d'eux. Ensuite on fait aller et venir la caisse au moyen de cordes ou de chaînes en fer attachées aux extrémités opposées, et qui aboutissent, en sens contraire, sur la circonférence d'un cylindre qu'on fait mouvoir à l'aide d'engrenages et d'une manivelle.

L'effet de cette machine est facile à concevoir : la pesanteur de la caisse exerce une forte pression qui aplatit les fils du linge, les unit et les lustre au bout d'un petit nombre d'allées et de venues de la caisse. Or, la pression a d'autant plus d'effet qu'elle a lieu successivement sur tous les points des deux rouleaux, et par conséquent sur le linge qui est enroulé dessus.

Les Anglais emploient une autre espèce de *mangle* qui est beaucoup plus simple et plus économique. Il consiste en deux rouleaux en bois dur, posés parallèlement l'un au-dessus de l'autre; les axes de ces rouleaux glissent dans deux montants perpendiculaires et sont pressés au moyen de vis en fer.

Le repassage consiste à faire passer le linge un peu humide entre les deux rouleaux qu'on approche et écarte, suivant la nature du linge, au moyen des vis qui pressent les axes. La pression que ces rouleaux exercent sur le linge lui donne le lustre convenable. Ce procédé a, en outre, l'avantage de ne point détériorer le linge par le frottement et par la brûlure, comme le fait le fer chaud à repasser.

On se sert encore, pour repasser et lustrer le linge, d'une roulette en verre, appelée *glaçoir*, qu'on promène et frotte dessus, ce qui écrase et aplatit les fils.

Généralement le linge de toilette, les bonnets, les cols, les manchettes, les dentelles, etc., sont apprêtés ou *empesés* avec un encollage composé comme il suit :

RECETTE POUR FAIRE L'ENCOLLAGE OU EMPOIS POUR APPRÊTER OU EMPESER LE LINGE DE TOILETTE.

On fait bouillir de l'eau dans un vase de cuivre étamé et très-propre ou dans un vase de terre : (quand le vase de cuivre est malpropre, l'encollage s'attache au fond). Puis, on délaie à part, dans un vase quelconque, et à froid, la quantité de 50 grammes d'amidon pour un litre d'eau qu'on fait bouillir.

Lorsque l'amidon est bien délayé et que l'eau a bouilli vivement, on y jette l'amidon, en remuant sans cesse et doucement pendant dix minutes environ ; on reconnaît que l'amidon est bien cuit lorsque les bulles d'air qui crèvent à sa surface ne se reproduisent pas ; alors l'empois prend une teinte diaphane. On y jette aussitôt 10 grammes de cire blanche, qui a pour effet d'empêcher l'empois de s'attacher aux fers à repasser. Cela fait, on verse l'empois dans un autre vase propre, où on le laisse refroidir.

Avant d'employer cet empois à froid, on le délaie avec un peu d'eau froide et on le passe au travers d'un linge fin et serré, dont on tord les bouts en sens contraire. Cette opération a pour effet d'enlever les matières étrangères et grossières que contient l'amidon, et principalement la pellicule qu recouvre sa surface, lorsqu'il est refroidi ; autrement ces matières, étant mises sur le linge, s'attacheraient aux fers lorsqu'on le repasse, et souvent elles occasionneraient des déchirures.

Quelques personnes, pour opérer plus vite, empèsent tout simplement le linge avec de l'amidon qui n'est pas cuit; cette pratique détériore le linge, parce qu'il faut, dans ce cas, le repasser étant très-mouillé. Dans ce cas, le fer à repasser ne glisse pas facilement dessus. Le linge prend alors des inégalités ou *faux plis* qu'on est obligé de remettre et de redresser ; mais le plus souvent, malgré les soins et les précautions qu'on prend pour amener cette opération à bien, le linge déchire.

Pour conserver l'amidon et lui donner plus de limpidité et de *coulant*, on y ajoute 10 grammes d'alun par litre d'eau lorsque celle-ci est en ébullition.

Pour apprêter ou empeser le linge, on le trempe dans l'encollage que nous venons de décrire, après l'avoir rendu liquide en y ajoutant la quantité d'eau suffisante ; on presse le linge ainsi empesé dans une serviette pour en extraire l'empois superflu, et on le repasse lorsqu'il est encore un peu humide.

Si, par une cause quelconque, les pièces empesées sont sèches avant d'avoir été repassées, il suffit de les mouiller également avec de l'eau claire, et le repassage peut avoir lieu sans aucun inconvénient.

II

De différents nettoyages.

Les piqûres récentes, produites par l'humidité, s'enlèvent en roulant l'étoffe avec soin et en faisant le moins de plis possible, dans un linge de calicot blanc, légèrement mouillé, et l'exposant ainsi pendant douze ou vingt-quatre heures dans un endroit humide. Les étoffes de soie principalement sont rétablies à l'aide de ce moyen, mais il faut les repasser et les apprêter, afin de leur donner un peu de fermeté.

Il est bon, toutefois, de ne pas attendre trop longtemps pour pratiquer cette opération ; car la piqûre finit par altérer la couleur et même l'étoffe; dans ce dernier cas, il n'y a plus de remède au mal. L'ammoniaque liquide et mêlé avec de l'eau enlève aussi les piqûres sur les étoffes de soie, mais il faut l'employer avec précaution et promptement pour ne pas altérer la couleur.

Taches de liqueurs. — On commence par rafraîchir la tache, autant que possible, par la même liqueur qui l'a produite, et, aussitôt cette opération faite, on imbibe la tache avec de l'eau pure; on frotte légèrement et avec soin; si elle résiste, on emploie un lavage à l'alcool.

Sur des tissus de laine blancs, les taches de liqueurs disparaissent complétement en employant successivement un lavage à l'eau de savon et le soufrage.

Taches de café et de chocolat. — Le café et le chocolat, préparés au lait, forment des taches très-apparentes et plus faciles à enlever que lorsqu'ils sont préparés à l'eau. Le lavage à l'eau d'abord, et ensuite au savon, suffit pour les faire disparaître; mais le savon peut altérer les couleurs des étoffes et les étoffes elles-mêmes. Pour agir avec prudence, on se sert du jaune d'œuf que l'on délaie avec un peu d'eau chaude. On emploie cette composition comme un savonnage. Si les taches résistaient à plusieurs lavages, on pourrait y ajouter quelques gouttes d'alcool en frottant légèrement avec un pinceau en poils de sanglier coupés courts.

Taches de suie et de dégouttures de tuyaux de poêle. — D'abord on imbibe les taches avec de l'essence de térébenthine et on les frotte légèrement. Ensuite on fait un mélange de cette même essence avec un jaune d'œuf, qu'on fait chauffer à la température de l'eau tiède. On le fait agir sur les taches à diverses reprises, en frottant légèrement jusqu'à ce que les opérations répétées ne produisent plus d'effet. Si les taches ne sont pas parfaitement disparues après ces deux traitements, on agit sur elles, lorsqu'elles sont sur des étoffes teintes, au moyen de l'acide hydrochlorique très-étendu d'eau, et par l'acide oxalique ou la crème de tartre sur des étoffes blanches.

NETTOYAGE DES ÉTOFFES DE COTON, DE LIN ET DE CHANVRE, BLANCHES OU EN BON TEINT.

Elles se nettoient tout simplement, après avoir enlevé les taches, dans un bain faible de savon, que l'on tient à une basse température; on les y passe rapidement. Généralement on nettoie ainsi toutes les étoffes de coton, telles que les indiennes, les guingans et la mousseline imprimée. Puis on les passe, immédiatement après le savonnage, dans un bain d'eau de rivière, auquel on ajoute quelques pincées d'alun pulvérisé ou quelques gouttes d'acide acétique, citrique ou sulfurique, afin de neutraliser l'action du savon sur les couleurs; ensuite on rince les étoffes à l'eau claire et on leur donne l'apprêt et le lustrage convenables.

Les voiles de gaze, de blonde et les satins blancs sont trempés et macérés ordinairement, sans les tordre ni les presser, dans un bain de savon faible et froid; on les passe rapidement deux ou trois fois à plusieurs reprises dans un bain de savon blanc un peu plus fort et très-chaud. Puis on les soumet au soufrage; ensuite on les rince à l'eau colorée par une dissolution de carmin, d'indigo et de cochenille pour les azurer. On les presse dans une toile en en tordant les deux bouts, pour en extraire le superflu, et on les fait sécher, après les avoir étendus et attachés sur un tapis, comme les dentelles.

On nettoie aussi le satin blanc au moyen de la craie que l'on réduit en poudre très-fine. Pour cela, on étend et attache l'étoffe sur une table recouverte d'une couverture avec des épingles. On saupoudre l'étoffe avec la craie à mesure qu'on la nettoie en la frottant avec une brosse de laine, et, avec de la mie chaude qu'on promène dessus, on donne à l'étoffe du brillant et de la fraîcheur.

Le crêpe noir est nettoyé avec du fiel de bœuf, du jaune d'œuf et de l'eau mêlés ensemble et qu'on porte à la température tiède.

Gants de peaux de chevreau et d'agneau. — Le plus généralement on les nettoie avec une composition liquide de lait et de carbonate de soude qu'on étend avec une éponge ou un linge fin, mais nous indiquons le moyen suivant comme étant le meilleur :

On mouille un morceau de flanelle qui n'est pas trop claire et on le trempe légèrement dans du savon en poudre. On monte les gants sur des formes, ou bien on passe un bâton successivement dans chaque doigt qu'on frotte avec la flanelle qui retient de la poudre de savon.

La saleté du gant s'attache à la flanelle qu'on renouvelle au besoin. On donne le lustre à la peau au moyen de la poudre de talc ou craie de Briançon.

Chapeaux de paille d'Italie non coupée. — Enlevez d'abord la coiffe et tous les ornements du chapeau. Lorsqu'ils sont tiquetés par suite de l'humidité, on les fait tremper pendant deux ou trois heures dans une eau acidulée soit par l'acide oxalique, soit par le sel d'oseille ou l'acide hydrochlorique (ce dernier est inférieur). On peut aussi les nettoyer avec une légère dissolution d'eau de javelle ou de jus de citron.

On place la toque ou fond du chapeau sur des formes en bois faites exprès, comme celles dont se servent les chapeliers, on pose le *plateau* ou *devant* à plat sur une table et on le frotte partout avec une éponge imprégnée d'une légère dissolution de potasse; puis on repasse le chapeau dans l'eau acidulée, en frottant avec une éponge pour détruire la teinte jaune de la paille; ensuite on le trempe dans un bain de savon, on le lave et on l'expose au soufrage. Enfin, on le lave à l'eau claire et on le fait sécher.

Pour donner le dernier apprêt au chapeau, on le mouille bien uniformément avec une éponge imbibée de gélatine blanche, dissoute à chaud dans une grande quantité d'eau, avec un peu d'alun et de savon blanc; on le repasse avec un fer chaud en mettant une feuille de papier entre la paille et le fer.

Si le chapeau est fait avec des tresses cousues, l'opération est la même, et plus facile.

Tapisseries en laine et en soie de toutes les couleurs. — On les frotte d'abord à l'aide d'une flanelle ou d'une brosse de laine, avec de la craie en poudre que l'on répand dessus, afin d'enlever la fumée et les autres matières étrangères qui n'adhèrent pas beaucoup; on les lave avec une décoction de saponaire, à l'aide d'une brosse ou d'une éponge; puis on les fait tremper dans de l'eau acidulée avec un peu d'acide citrique, pendant dix à quinze minutes; on les lave à l'eau claire et on les *drape* ensuite; on les tend et coud sur un métier à broder et l'on applique par derrière, pour les apprêter, une ou deux couches de colle de pâte mêlée avec une de gomme arabique, lorsqu'elles sont encore un peu humides, et on les fait sécher rapidement. Quelquefois, lorsque les tapisseries sont aux trois quarts sèches, on pourrait les repasser à l'envers, en observant de placer dessous un linge humecté avec de l'eau qui contient un peu de chlorure de calcium ou d'alun, qui fixe ou ravive certaines couleurs. Quand la tapisserie contient des violets, ordinairement teints à l'orseille et passés, on leur donne de la vigueur en les mouillant au moyen d'un pinceau avec de l'eau qui contient deux à trois pour cent de sous-carbonate de soude ou d'ammoniaque liquide, un peu de gomme arabique et de sucre candi.

Cependant cette méthode de nettoyage doit être modifiée selon la nature des couleurs, c'est-à-dire suivant leur degré de solidité et de délicatesse.

Tapis en laine rouge. — M. Dennebèque a inventé un moyen fort ingénieux de les mettre à neuf sans les dégraisser. Il tond, au moyen d'une machine spéciale, les extrémités des brins qui sont décolorés et sales. A l'aide de ce moyen bien simple, il met à découvert de nouvelles parties de laine colorées, qui conservent encore de l'éclat et de la vivacité.

Il y a plus de dix années, nous avons employé une pareille méthode pour nettoyer et mettre à neuf les peluches de laine et les sujets brodés en laine longue et en relief. Nous nous servions alors d'une paire de ciseaux recourbés semblable à celle actuellement en usage dans les manufactures de tapis de la Savonnerie.

On peut tondre très-facilement les tapis avec une pareille paire de ciseaux, à défaut d'un outil plus expéditif. On aura soin de comprimer chaque *duite* ou rangée de points, à mesure qu'on coupe, entre deux lames de cuivre, de zinc ou de fer-blanc, d'une hauteur égale à la longueur des brins qu'on désire conserver.

Grosses couvertures de laine. — Faites-les tremper dans un bain de savon et de sous-carbonate de soude; frottez-les fortement avec une brosse demi-dure, et battez-les avec un battoir; enfin, vous les rincez à l'eau claire et vous tordez à la main pour en extraire l'eau. Pour éviter les déchirures, vous mettez la couverture dans un filet et vous tordez celui-ci en sens inverse. Vous renouvelez le traitement une ou deux fois si cela est nécessaire.

Pour obtenir la blancheur convenable, vous passez les couvertures au soufrage, sans les rincer à l'eau, après le savonnage et le tordage. Au sortir du soufrage, on les lave et on les peigne avec un chardon, pour relever et coucher les poils ; c'est le dernier apprêt. Vous lavez les couvertures, après le soufrage, dans un bain ainsi composé : 100 litres d'eau, 3 kilogrammes de savon auquel on ajoute 500 à 750 grammes d'ammoniaque caustique. Elles acquerront un très-beau blanc qui ne jaunira pas. Ce savonnage enlève entièrement l'odeur du soufre.

Corbeilles et paniers d'osier. — L'on commence par faire fondre du savon blanc dans un peu d'eau froide, puis on le fait chauffer et on l'étend sur les corbeilles au moyen d'une éponge ou d'une brosse. L'on continue de frotter jusqu'à ce que l'osier ait repris sa couleur naturelle, blanc-jaunâtre ; mais si l'osier est très-jaune, on réitère les lavages au savon, et l'on lave ensuite l'objet avec de l'eau azurée avec du bleu soluble, et on le fait sécher.

Plumes. — On fait une eau de savon légère, on la fait chauffer jusqu'au point où la main ne puisse plus endurer la chaleur. On plonge alors les plumes dans cette solution qu'on retire du feu, on les y laisse baigner quelques heures, mais, de temps en temps, on les presse soigneusement entre les mains. On les rince à l'eau tiède, puis à l'eau froide, qu'on exprime ensuite en pressant les plumes entre deux linges ; on les fait sécher, et lorsqu'elles sont encore un peu humides, on les agite dans l'air jusqu'à ce qu'elles soient parfaitement sèches. L'on peut aussi laver les plumes dans une eau qui contient de la craie en suspension.

Pour redresser les plumes, il suffit de les plonger perpendiculairement dans l'eau et de les retirer de même et très-vivement ; ensuite on les laisse égoutter, en les attachant le tuyau de la plume en haut.

On redresse de la même manière les plumes qui ont été froissées par l'usage ou par l'humidité. Au besoin, lorsque les plumes sont sèches, on redresse chaque brin mal placé avec un poinçon.

LUSTRAGE DES ÉTOFFES

L'*apprêt* a pour but de rendre aux étoffes la souplesse et le *lustre* ou *luisant* qu'elles ont perdus par l'usage et le frottement qu'on leur fait subir en les nettoyant.

Si c'est à une étoffe de soie qu'on veut rendre le lustre, on trempe une brosse dans une dissolution très-légère d'eau gommée et de fiel de bœuf. On répand la dissolution sous forme de pluie, en frottant les poils de la brosse avec la main ; puis on repasse l'étoffe à l'envers lorsqu'elle est encore un peu humide.

Autre procédé : on tend l'étoffe sur un métier à lustrer (assez semblable à un métier à broder). On y passe, à l'envers, une éponge imbibée de gélatine liquide, ou de gomme arabique, ou de gomme adragante liquide, et l'on conduit insensiblement par dessous, sous le métier, un fourneau allumé qui sèche promptement l'étoffe et lui rend son premier lustre.

On rétablit le lustre du casimir en le frottant dans le sens de ses poils avec une brosse trempée dans une eau de gomme très-légère ou de gélatine, ou mieux dans une décoction de graine de lin.

On applique sur l'étoffe une feuille de papier blanc, et par dessus le papier un morceau de drap qu'on recouvre d'une planche sur laquelle on pose des poids très-pesants. On laisse sécher l'étoffe sous presse pendant quelque temps.

On lustre le taffetas noir avec de la bière double que l'on fait bouillir avec du jus d'orange ou de citron. Les taffetas de couleur se lustrent avec de la colle de poisson très-limpide.

Les mérinos sont apprétés à la gomme et repassés à l'envers lorsqu'ils sont aux trois quarts secs.

Les châles sont pressés fortement comme les casimirs. On les termine en peignant les franges avec un peigne ordinaire et les frisant avec une pince à dents, assez semblable à celle d'un cordonnier, qu'on chauffe suffisamment.

Les mousselines brodées en couleurs sont apprêtées avec un encollage d'amidon, auquel on ajoute un peu de blanc de baleine; on les repasse à l'envers, avec un fer chaud, sur un tapis élastique, lorsqu'elles sont encore un peu humides.

Pour obtenir l'apprêt qu'on appelle *souple*, on repasse tout simplement la mousseline encore un peu humide avec un fer chaud : c'est là l'apprêt anglais si vanté.

LUSTRAGE DES TOILES DE COTON (DITES INDIENNES OU PERSES) AU GLAÇOIR.

Le glaçoir est tout simplement une espèce de molette en verre, ayant une base arrondie de 5 à 7 millimètres d'épaisseur. On adapte très-solidement cette molette à un long manche en bois, perpendiculaire sur une table horizontale qui reçoit l'objet à *glacer*. Le long manche est pressé par un levier horizontal dont une des extrémités est fixée au plafond de l'appartement, et à l'autre extrémité sont suspendus des poids plus ou moins pesants.

Pour lustrer, on frotte la molette sur l'étoffe en la poussant avec la main, toujours devant soi, et suivant une ligne droite; pour opérer cette manœuvre sans déviation et par conséquent sans froisser l'étoffe, on pose celle-ci sur un morceau de bois, lequel porte une rainure d'une largeur égale à celle de la molette en verre, de manière que celle-ci peut aller et venir sans se déranger.

Le frottement, ou plutôt la pression de la molette, aplatit les fils, et donne ainsi le lustre à l'étoffe en rendant la surface plus unie.

Quoique ce moyen de lustrage soit un peu long à obtenir, il est d'un bon usage, surtout pour apprêter les robes faites et garnies.

Voici la manière d'opérer :

D'abord, on prépare la robe en la frottant avec un morceau de cire blanche ou jaune, si la couleur le permet. On passe la cire également et légèrement sur toutes les parties de la robe.

Puis, on lève la rainure dont nous avons parlé plus haut, et on la passe dans la manche de la robe; on fixe les deux extrémités de cette rainure au moyen de broches en fer, qui entrent dans la table.

On lustre d'abord le haut de la manche en frottant la molette de haut en bas et de bas en haut; puis, on continue de la lustrer en la faisant tourner autour de la rainure. On a soin surtout de ne pas passer plus de deux fois sur chaque endroit. Il faut aussi faire attention qu'il ne se trouve pas de grains de sable ou du gravier entre l'étoffe et la molette du glaçoir, parce que l'étoffe, en frottant, pourrait être coupée.

L'on opère ainsi sur l'autre manche, puis sur le corsage de la robe jusqu'à la ceinture ; ensuite, on lustre la jupe en commençant par le haut, et faisant tourner l'étoffe à chaque instant ; et, pour ne pas trop se fatiguer et lustrer plus facilement, on ne fait à la fois qu'une petite longueur de 30 à 35 centimètres. Lorsque l'étoffe est bien glacée partout. on la repasse avec un fer chaud pour bien l'unir et pour ternir un peu le lustre, lorsqu'il est trop brillant.

III

Nettoyage de l'argenterie, des bijoux, des broderies, des livres, etc.

Le livre du blanchissage ne nous paraîtrait pas complet si nous négligions les recettes que l'on va trouver dans ce chapitre.

Lorsque la surface de l'argenterie est ternie par la poussière et les différents corps que charrie l'air, un peu de blanc délayé dans de l'eau, appliqué et frotté avec une brosse ou une éponge, suffit pour lui rendre son premier éclat. Si elle est ternie par quelque corps gras ou par les acides faibles, l'eau de savon tiède la nettoie plus promptement et plus efficacement que le blanc d'Espagne. Lorsqu'elle est tout-à-fait noircie par une cause quelconque, soit par la vapeur du charbon, soit par l'action du feu, soit par les exhalaisons des gaz, on la nettoie avec la poudre suivante que l'on peut faire chez soi.

Poudre pour nettoyer l'argenterie. — Crème de tartre en poudre fine, 62 grammes ; carbonate de chaux (blanc d'Espagne en poudre fine), 62 grammes; alun en poudre fine, 31 grammes.

On mêle ensemble ces trois substances et on en forme un mélange homogène.

Lorsqu'on veut s'en servir, on frotte l'argenterie avec ce mélange délayé avec une petite quantité d'eau et en se servant d'un linge doux. L'argenterie prend alors un brillant égal à celui de l'argenterie neuve. On la lave ensuite et on l'essuie avec soin.

Nettoyage des théières et des couverts en métal anglais. — On prend : une petite quantité de *terre pourrie*, ou de rouge *d'Angleterre* en poudre; on mêle un de ces produits avec de l'huile, on en met une petite quantité sur la théière à nettoyer, puis on frotte fortement avec une pièce de drap ou de flanelle, continuant jusqu'à ce que le métal soit devenu brillant. Lorsqu'on est arrivé à ce point, on lave le vase avec de l'eau de savon chaude, on essuie avec un linge fin, on passe ensuite au blanc d'Espagne que l'on enlève avec un morceau de peau qui sert aussi à polir le métal.

Moyen de nettoyer les bijoux en or, et de leur rendre le brillant.—On les fait bouillir dans un vase de cuivre non étamé, soit avec une solution de savon, soit avec une lessive de potasse, de soude, ou d'ammoniaque liquide, soit avec de l'eau qui contienne 32 grammes de sel ammoniac par litre d'eau.

L'alcool rectifié sert aussi, et préférablement, à nettoyer les bijoux. On l'emploie avec un pinceau en frottant la pièce légèrement.

Les prétendues poudres à nettoyer rayent et usent l'or. Il faut donc les mettre de côté.

Procédé pour nettoyer les cadres dorés.—Prenez : blanc d'œuf, 93 grammes ; eau de Javelle, 31 grammes ; battez le tout ensemble et lavez légèrement les cadres avec une éponge trempée dans ce mélange, auquel vous ajoutez une quantité d'eau suffisante. La dorure reprend immédiatement sa vivacité. Cette opération peut se répéter plusieurs fois avec succès sur la même dorure, chose difficile à obtenir par l'ancien procédé. Lorsque le cadre a été remis à neuf, il faut lui donner une nouvelle couche de vernis, dont se servent les doreurs sur bois.

Le nettoyage des ustensiles de faïence ou de porcelaine s'exécute le plus ordinairement avec de l'eau pure et de l'eau de savon ; mais quand ce lavage est insuffisant pour opérer un nettoyage parfait, on emploie du vinaigre fort. Le sel d'oseille et l'acide hydrochlorique étendu d'eau produisent les mêmes effets.

Nettoyage des marbres polis, des statues, des dalles et des vieux murs en pierre.—L'on peut, dans quelques cas, nettoyer les marbres, les statues et les dalles qui n'ont pas été exposés à l'air en les lavant d'abord avec de l'eau de potasse, puis une deuxième fois avec de l'eau ordinaire, enfin une troisième fois avec de l'eau chlorurée (chlorure de chaux).

Pour le nettoyage des dalles et murs humides exposés à l'air, on procède de la manière suivante : On enlève d'abord, à l'aide d'un balai, la poussière qui couvre le mur qu'on veut nettoyer ; on le mouille abondamment avec une éponge, en ayant soin d'aller de haut en bas, afin de ne point noircir la partie qui aurait déjà été nettoyée. Lorsque la pierre est bien mouillée, on passe sur toutes ses parties une brosse en crin, en appuyant fortement. Lorsqu'on a bien frotté, on y passe de nouveau, à l'aide de l'éponge, de l'eau qui entraîne les parties noirâtres, on lave ensuite avec de l'eau aiguisée d'acide hydrochlorique, dans la proportion de 375 grammes d'acide hydrochlorique du commerce pour 12 litres d'eau; on brosse de nouveau et on lave à grande eau.

Nettoyage des murs récrépis en plâtre et noircis par le temps. — On lave les murs avec une éponge, on enlève avec une brosse et par le frottement la couleur noire ou verte; on lave à l'eau pure, puis à l'eau aiguisée d'acide sulfurique; on termine par un dernier lavage à l'eau simple. A l'aide de ce procédé, un mur humide, noir et vert, reprend toute sa blancheur.

Si la statue, le marbre ou les dalles sont couverts de matières grasses, on les lave d'abord avec de l'eau, puis avec de l'eau de potasse (250 grammes de potasse pour 8 litres d'eau), on procède ensuite à un troisième lavage avec de l'eau aiguisée d'acide hydrochlorique (190 grammes d'acide pour 12 litres d'eau).

Nettoyage des glaces, verres et cristaux. — Il s'exécute presque toujours avec de l'eau pure et froide, puis on essuie les objets avec un linge propre et sec. Mais le simple lavage à l'eau n'est pas suffisant pour rétablir l'éclat des glaces ternies par le temps, l'humidité ou par toute autre cause. Dans ce cas, on les nettoie, soit avec de l'alcool ou de l'eau-de-vie forte, soit avec du blanc d'Espagne délayé avec du vinaigre étendu d'eau. On applique cette composition avec une éponge et l'on frotte ensuite avec un ou plusieurs linges fins, et qui ne sont pas usés. On ne se sert pas de brosses, parce que les crins pourraient rayer la glace ; on rejette le vieux linge parce qu'il dépose sur la glace un duvet qu'il est toujours difficile d'enlever parfaitement.

Poudre d'Origny pour nettoyer les meubles. — Elle est composée de blanc d'Espagne, de cendres de bois tamisées et de potasse par portions égales. Elle s'emploie pour enlever les taches de graisse, d'huile et même d'encre sur un meuble. On la frotte dessus, lorsqu'elle est mouillée, avec un tampon de flanelle ou un pinceau court.

Recette pour enlever les taches d'encre sur l'acajou et les bois indigènes. — L'on passe sur les taches un bec de plume ou un pinceau légèrement imbibé de jus de citron (l'eau de Javelle et l'acide hydrochlorique étendu produisent le même effet); on frotte aussitôt et très-vivement avec un linge mouillé. Si la tache ne disparaît pas, on recommence l'opération.

Lorsque la tache est enlevée, on vernit le meuble, si cela est nécessaire; et, dans ce cas, on a recours à un ouvrier ébéniste qui connaît la manière d'employer le vernis. On peut cependant se passer d'un ébéniste en faisant cirer le meuble chez soi avec de l'encaustique à l'essence. Quoique cette encaustique se vende à Paris chez les marchands de couleurs à un prix très-modique, nous donnons deux recettes faciles à faire, et que nous empruntons au *Dictionnaire des arts et manufactures*.

Encaustique ou pommade de cire à l'essence. — Faites fondre dans une bassine en cuivre bien propre

500 grammes de cire jaune; lorsqu'elle est bouillante, retirez la bassine et ajoutez-y peu à peu, en mélangeant sans cesse, un kilogramme d'essence de térébenthine que vous avez fait tiédir à part. Vous devez continuer d'agiter la masse jusqu'à entier refroidissement.

Remarques. En suivant cette méthode, en fondant la cire à part, en y ajoutant, hors et loin du feu, l'essence tiède on évite toute chance du feu. Cette encaustique s'étend facilement et uniformément sur la surface des corps avec un linge en frottant vivement et partout. L'essence pénètre le bois, donne de la fixité à la cire, et le brillant qui résulte du simple frottement avec un chiffon est comparable à celui du vernis. Après sa complète évaporation, l'essence, si elle est pure, laissera la cire dans son état de dureté normale; et le cirage sera aussi solide que s'il avait été fait avec la cire naturelle.

L'encaustique ci-dessus est d'un jaune peu intense. Veut-on l'obtenir rouge, au lieu d'essence de térébenthine pure il faut employer de l'essence dans laquelle on aura mis la veille digérer à froid 30 grammes d'orcanette par kilogramme d'essence, et dont le lendemain on aura séparé l'orcanette en la filtrant au travers d'une toile serrée. Avec le rocou on produit la couleur jaune-orange.

Deuxième recette, due à M. Tripier-Devaux, pharmacien :

C'est la même chose pour les proportions que la recette ci-dessus; la seule différence consiste en ce qu'on emploie, au lieu de cire naturelle, une cire dure composée ainsi qu'il suit :

Vous mettez un kilogramme de cire jaune pure dans une bassine, vous la faites fondre sur le feu. Quand la cire est fondue, vous y ajoutez 120 grammes de litharge en poudre, vous mélangez avec une spatule pour empêcher la litharge de rester au fond, et vous remuez souvent; vous conduisez le feu très-faiblement, pour donner tout le temps à la litharge de réagir sur la cire. Lorsque la cire a pris une couleur marron, et qu'une goutte de cire que vous faites tomber sur une assiette est arrivée au point de s'écraser en poussière sous l'ongle, la cire est assez cuite. Vous ôtez la bassine de dessus le feu et vous la laissez refroidir; le lendemain vous séparez de la cire le culot composé de litharge revivifiée, et c'est avec 500 grammes de cette cire et 1 kilogramme d'essence que vous composez votre encaustique.

Suivant le témoignage de M. Tripier, cette recette, qu'il pratique depuis longtemps, lui a toujours réussi, et l'encaustique qui en résulte a presque la solidité et l'éclat d'un bon vernis à l'alcool, sans en avoir les inconvénients.

Si le meuble est en bois de chêne, on frotte celui-ci d'abord avec de la cire jaune, et l'on met ensuite l'encaustique.

Vernis pour meubles qu'on peut faire chez soi. — Mêlez ensemble de l'alcool, de la potasse et de l'essence de térébenthine par parties égales. Ajoutez au mélange une petite quantité de cire blanche, et remuez bien avec un morceau de bois.

Vous étendez cette composition sur le meuble avec une éponge fine, et vous frottez avec un morceau de flanelle ou de mousseline non apprêtée.

Cirage propre aux meubles vernis, aux parquets et aux carreaux d'appartement, par M. Ruffier-Lanche. — On fait fondre au bain-marie, jusqu'à l'ébullition, un demi-kilogramme de cire dans un demi-litre d'eau.

On y jette dans cet état 65 grammes de potasse fondue dans 130 grammes d'eau bouillante;

50 grammes de savon vert;

10 grammes d'esprit d'œillet ou 35 grammes d'eau de Cologne. On remue le mélange bien doucement pendant un quart d'heure; on le laisse ensuite refroidir pendant vingt-quatre heures.

On ajoute alors 32 grammes de rouge de Prusse fin (colcothar) ou mieux de l'ocre rouge; on délaie le tout ensemble et l'on y verse deux litres et demi d'eau quand il s'agit de l'employer sur un parquet neuf; dans les autres cas, on y verse la quantité d'eau nécessaire pour lui donner la liquidité qu'on désire.

« Ce cirage remplace avantageusement la cire à frotter, dit l'auteur. On l'étend sur le meuble ou sur le parquet avec un petit pinceau; on frotte ensuite, comme quand on emploie la cire; mais on a beaucoup moins de peine à cause de sa fluidité. On passe ensuite un torchon et l'on obtient un beau brillant.

« Quand un appartement est trop sale ou quand le parquet n'a pas encore été frotté, il faut prendre une bouteille de cirage et la délayer dans deux bouteilles d'eau; on étale le cirage ainsi étendu d'eau avec un balai, de manière que la pièce soit mouillée partout; un quart d'heure après on repasse le balai comme pour balayer; et une demi-heure après on frotte avec la brosse, et l'on obtient le brillant.

« L'on agit de même sur les carreaux quand la couleur est encore bonne.

« Ce cirage peut remplacer l'encaustique pour donner du brillant aux bois indigènes ou exotiques, aux laques de Chine, peints ou vernis, même à la toile cirée, vernie, servant de tapis, et pour le marbre.

« Il n'a pas l'inconvénient de l'odeur de l'essence de térébenthine qui entre dans la composition de l'encaustique, et qui porte à la tête et incommode souvent...

« S'il devenait trop épais, on lui rendrait sa fluidité en y ajoutant de l'eau. »

Moyen facile de cirer les planchers.—Vous prenez une poignée de cendre de bois, que vous mettez dans un nouêt de linge, et vous faites bouillir dans un vase avec de l'eau. Vous décantez et remettez à bouillir cette eau lessivée avec différents petits morceaux de cire. Vous étendez cette eau sur le plancher sans être chaude, et vous frottez ensuite avec une brosse. Dans un instant le plancher, qui doit avoir été d'abord décrassé et être bien sec, est ciré sans fatigue.

Cette eau de lessive et de cire épaissit un peu; mais on s'en sert tant qu'il en reste; elle se conserve assez longtemps.

Moyen simple pour nettoyer et blanchir les gravures, les cartes et les ouvrages imprimés, ternis par le temps ou la fumée, sans altérer le papier, le dessin et le caractère. — Si la matière dont la gravure est salie a une apparence résineuse, mouillez-la avec de l'alcool;

s'il y avait des taches de graisse ou d'huile, on les enlèverait préalablement avec de l'essence de térébenthine rectifiée et chaude. Pour cela l'on imbibe l'endroit taché avec un pinceau sur les deux côtés du papier, et on laisse évaporer l'essence ; on trempe ensuite un autre pinceau dans l'alcool rectifié, et on le promène sur la tache et surtout sur les bords pour enlever le cerne : la cendre tamisée ou la terre de pipe qu'on saupoudre sur la tache peut remplacer l'alcool.

Les taches d'encre partielles s'enlèvent par le chlorure de chaux, de potasse (eau de Javelle), ou les acides oxaliques et hydrochloriques affaiblis par l'eau. On humecte la partie tachée avec l'un de ces corps liquides, au moyen d'une éponge ou d'un pinceau. Au bout de quelques instants, on enlève la liqueur avec une autre éponge mouillée. Quand le papier est sec, on passe sur les parties détachées, avec un pinceau, un peu de lait chaud, pour l'encoller si l'on doit écrire dessus.

Procurez-vous une large plaque de verre ou une planche unie et cirée ; élevez tout autour avec de la cire molle une espèce de rebord d'un pouce de haut et parfaitement égal partout ; vous aurez par ce moyen une auge dans laquelle vous étendrez la gravure ; versez dessus un peu d'urine fraîche ou d'ammoniaque et mieux de l'eau mélangée avec du fiel de bœuf. Au bout de trois ou quatre jours, jetez le liquide que vous aurez employé et remplacez-le par de l'eau tiède, que vous renouvellerez toutes les trois ou quatre heures jusqu'à ce qu'elle sorte claire et incolore.

L'objet à blanchir étant ainsi préparé et bien

égoutté, couvrez-le entièrement à une hauteur convenable d'une solution de chlorure de potasse (eau de Javelle) récemment préparée, ou mieux encore d'une eau saturée de chlore. On applique sur la bordure en cire une autre plaque de verre de la même grandeur, afin de ne pas être incommodé par l'odeur du chlore. Vous verrez disparaître complétement la teinte jaunâtre; les gravures reprendront leur blancheur primitive. Deux ou trois heures suffiront pour obtenir l'effet désiré. Si la teinte ne disparaissait pas tout à fait, on verse une nouvelle solution de chlore après avoir fait écouler la première. Lorsque le papier a repris son blanc, on enlève la solution de chlorure ou de chore. On lave ensuite la gravure à plusieurs eaux sans frotter, ce qui se fait en inclinant la plaque et versant légèrement l'eau sur la partie supérieure; ensuite on enlève le rebord de cire, on couche la plaque avec la gravure sur un drap, on détache le verre avec précaution; on recouvre la gravure d'un autre drap, et on soumet le tout à une légère pression entre deux planches bien unies; on achève ensuite la dessiccation à l'air. Ce procédé donne des gravures ou des impressions d'une blancheur éclatante, et qu'on peut encoller au pinceau avec une solution d'amidon ou d'empois très-pure. Les livres brochés ou reliés doivent être mis en feuilles pour être soumis à ce mode de blanchiment, qui a été pratiqué plusieurs fois avec succès sur des ouvrages rares appartenant à des bibliothèques publiques.

Nettoyage des boiseries peintes à l'huile. — Les peintres en bâtiments lessivent tout simplement les boiseries peintes et sales avec une eau alcaline qu'ils appellent *eau seconde*. Ils la composent de la manière suivante : 1 kilogramme 500 grammes de potasse, 500 grammes de *cendres gravelées ;* le tout dissous dans 6 litres d'eau. Comme cette composition est très-violente et très-dissolvante, ils y ajoutent de l'eau pour s'en servir. Par exemple, ils mettent environ un verre de cette composition par chaque litre d'eau ; cette dose suffit ordinairement pour décrasser.

On lave les boiseries avec une grosse éponge trempée dans cette lessive, on l'étend bien également, toujours du haut en bas des boiseries, en ayant soin de prendre garde que la lessive ne coule pas sur les parties déjà lavées, ce qui pourrait occasionner des taches. Trois ou quatre minutes après que cette lessive est étendue, il faut laver les boiseries avec de l'eau claire, pour enlever la crasse et l'eau seconde, qui, si elle y restait longtemps, altérerait et détruirait même les couleurs et les vernis qui sont dessus.

Au lieu de l'*eau-seconde*, vous pouvez *lessiver* plus promptement et plus sûrement les portes, les fenêtres, etc., qui sont devenues crasseuses par le contact et la transpiration des mains, avec de l'ammoniaque liquide, étendu d'eau, et vous frottez légèrement avec une éponge ou un linge fin, vous lavez ensuite avec de l'eau fraîche. Si la crasse n'est pas enlevée par ce premier lavage, vous lessivez une seconde fois. A l'aide de ce moyen fort simple et économique, on peut se passer d'un peintre praticien, dont les services sont fort coûteux.

FIN.

TABLE.

FIN DE LA TABLE.

www.ingramcontent.com/pod-product-compliance
Ingram Content Group UK Ltd.
Pitfield, Milton Keynes, MK11 3LW, UK
UKHW021816190726
13853UKWH00003B/1026